Inhalt

Förderbanken - Wie viel Marktversagen kann kompensiert werden, ohne den Wettbewerb zu verzerren?

Kernthesen

Beitrag

Fallbeispiele

Zahlen und Fakten

Weiterführende Literatur

Impressum

Förderbanken - Wie viel Marktversagen kann kompensiert werden, ohne den Wettbewerb zu verzerren?

Autor GENIOS BranchenWissen: G.Dengl

Kernthesen

- Förderbanken, unter denen die KfW (Kreditanstalt für Wiederaufbau) in Deutschland die bedeutendste ist, haben den Auftrag, gezielt dort finanzielle Hilfe zu leisten, wo der Markt aus strukturellen Gründen versagt, z.B. Anschubfinanzierung für Unternehmensgründungen, Hilfe bei der Kapitalmarktfinanzierung von kleineren und mittleren Unternehmen.

- In der "Brüsseler Verständigung II" wurde geregelt, dass deutsche Förderbanken diesen Auftrag weiter wahrnehmen können, sofern sichergestellt ist, dass die Förderungen wettbewerbsneutral verlaufen. Andere deutsche Besonderheiten, wie beispielsweise Gewährträgerhaftung und Anstaltslast für Sparkassen und Landesbanken sind bereits entfernt worden.
- Obwohl der Förderauftrag festgeschrieben ist, kommt es in der Öffentlichkeit immer wieder zur Diskussion, inwiefern die Förderbanken tatsächlich wettbewerbsneutral fördern. Geschäftsbanken sehen sich einer ungerechten Benachteiligung ausgesetzt, da Förderbanken aufgrund der staatlichen Garantie eine besonders günstige Refinanzierung realisieren können, und so konkurrenzlos günstige Angebote machen können.

Beitrag

Förderbanken haben eigentlich den Auftrag, dort finanzielle Hilfe zu leisten, wo es zu Marktversagen kommt. Dass dieser Auftrag buchstabengenau umgesetzt wird, bezweifeln jedoch die

Geschäftsbanken; sie sehen sich in einigen Geschäftsfeldern in einer unfairen Wettbewerbssituation.

Förderbanken sind Kreditinstitute, deren Bestimmung es ist, dort finanzielle Hilfe zu geben, wo es aus strukturellen Gründen zu Marktversagen kommt. Die finanziellen Aspekte der Entwicklungspolitik werden in Deutschland auf Bundesebene durch die KfW (früher: Kreditanstalt für Wiederaufbau), die Landwirtschaftliche Rentenbank und Deutsche Investitions- und Entwicklungsgesellschaft umgesetzt, und auf Landesebene durch die einzelnen Landesförderbanken.
Die KfW Bankengruppe bzw. KfW ist darunter volumenmäßig die bedeutendste. Sie wurde nach dem Zweiten Weltkrieg mit dem Ziel gegründet, den Wiederaufbau der deutschen Wirtschaft zu finanzieren. Heute fördert die Hausbank des Bundes Entwicklungsprojekte, vergibt Kredite an Mittelständler, Hausbauer und Studenten und verkauft Post- und Telekomanteile des Bundes. [1] Das Kapital der KfW wird zu 80 Prozent von der Bundesrepublik Deutschland und zu 20 Prozent von den Bundesländern gehalten. Die Bundesrepublik haftet für alle Verbindlichkeiten und Kredite der KfW, weshalb die Bank von internationalen Rating-

Agenturen die bestmögliche Bonitätsbewertung (AAA) erhält. 2005 betrug die Bilanzsumme der KfW 341 Mrd. Euro, es waren ca. 3 900 Mitarbeiter beschäftigt.

Wo liegt Marktversagen vor?

Marktversagen liegt beispielsweise in folgenden Fällen vor:
- Wenn es um Startkapital für Unternehmensgründungen geht, vergeben Banken sehr restriktiv Kredite, denn dieses Geschäft ist besonders risikobehaftet und schwer einzuschätzen. Hier helfen die Förderbanken, insbesondere wenn es um Unternehmensideen geht, die politisch gewollt sind, d.h. z.B. Umweltschutz, soziale Integration, etc.
- im Bereich der Unternehmensfinanzierung sind zudem größenbedingte Nachteile möglich. So ist es kleineren und mittelgroßen Unternehmen oft nicht möglich, sich über den Kapitalmarkt zu finanzieren (Aktien, Schuldverschreibungen, Verbriefungen)
In diesen Fällen übernehmen Förderinstitute wie die KfW und Landesförderbanken eine wichtige Funktion. Sie sorgen dafür, dass gesamtwirtschaftlich wünschenswerte Finanzierungen zustande kommen und tragen damit zur Stärkung der

Wettbewerbsfähigkeit der Wirtschaft bei. (9)

"Brüsseler Verständigung II" definiert den Förderauftrag

Im Kreuzzug gegen die Wettbewerbsverzerrung hat die EU in der Vergangenheit bereits die eine oder andere deutsche Besonderheit abgeschafft (z. B. Anstaltslast und Gewährträgerhaftung für Sparkassen und Landesbanken). Ähnliches hätte auch den deutschen Förderbanken, allen voran der KfW, blühen können. Da die Abgrenzung dessen, was förderwürdig ist, bzw. was bereits eine Wettbewerbsverzerrung darstellt, nie sauber gelingen wird, hätte man sich im Zweifelsfall eher für etwas weniger Förderung entschieden. Herausgekommen ist aber etwas Anderes. Die deutschen Förderbanken behalten im Wesentlichen alle Vorteile, lediglich da wo die Förderbanken eindeutig in Konkurrenz zu privaten Wettbewerbern treten (z.B. bei der Projekt- und Exportfinanzierung) muss für Abhilfe gesorgt werden. Der Grund: Da seit der EU-Osterweiterung kaum noch Hilfen aus dem EU-Strukturfonds in Deutschland ankommen, würde dieses abrupte Wegbrechen der Finanzhilfen zu einer massiven Schwächung einzelner Regionen führen. Dies wurde

als nicht hinnehmbar erkannt, und so wurde bereits am 1. März 2002 in der "Brüsseler Vereinbarung II" festgelegt, dass deutsche Förderbanken ihrem Auftrag weiter nachkommen können. Dieser wurde jedoch auf EU-Ebene noch einmal festgeschrieben:
- Mittelstandsfinanzierung
- die Bereitstellung von Risikokapital
- die Finanzierung von Umweltschutz, Technologie- und Innovationsprojekten, der Infrastruktur und der Wohnungswirtschaft

Die staatlichen Haftungsmechanismen Anstaltslast und/oder Gewährträgerhaftung bleiben weiter erhalten, und die Förderbanken können so ihre optimalen Refinanzierungsmöglichkeiten für ihre Aufgaben nutzen. (2)

Nachrangdarlehen als Lösung für mittelständische Finanzierungsprobleme

Die Eigenkapitalbasis des Mittelstandes ist seit jeher dünn, und immer wieder Gegenstand politischer Diskussion. Alternativen, um neues Eigenkapital aufzutreiben sind beispielsweise ein Börsengang oder die Hereinnahme von Private Equity Investoren. Der

Börsengang lohnt sich für viele Mittelständler nicht und vor der Hereinnahme von Eigenkapitalgebern scheut man deshalb zurück, weil diese oft auch die Geschicke des Unternehmens mitbestimmen möchten. Die scheinbare Lösung liegt im Mezzanine-Kapital, einer Mischform zwischen Eigen- und Fremdkapital. Mezzanine-Kapital zählt zum bilanziellen Eigenkapital, lässt aber die Gesellschafterstruktur unangetastet. Dafür ist es in der Regel teurer als Fremdkapital. Unter dem Oberbegriff Mezzanine sind verschiede Finanzierungsarten versammelt; eine besonders beliebte ist das von Landesförderbanken herausgegebene Nachrangdarlehen. Es wird über die Hausbank des kreditsuchenden Unternehmens ausgezahlt (so genanntes Hausbankprinzip). Kommt es zum Insolvenzfall, dann tritt die Hausbank hinter die Forderungen anderer Kreditgeber zurück. Erst wenn diese ausgezahlt sind, wird der Nachrang bedient. So hat diese Finanzierung eigenkapitalstärkenden Charakter. Die Förderung über Nachrangdarlehen ergänzt und ersetzt zunehmend die klassischen Förderformen über Zuschüsse und zinssubventionierte Darlehen. (5)

Vorwurf: KfW greift in den

Wettbewerb ein

Der Förderzweck der KfW wurde in der "Brüsseler Verständigung II" klar geregelt. Die Mindestanforderung war, dass die Förderung wettbewerbsneutral und diskriminierungsfrei abläuft. Während letzteres kaum je in der Kritik stand, sehen Geschäftsbanken den freien Wettbewerb gefährdet. Die Hauptargumentation ist, dass die KfW seit Jahren ihr Fördervolumen stetig ausbaut. Das würde im positiven Sinne bedeuten, dass es immer mehr Bedarf an Förderung gibt, und im negativen Sinne, dass auch dort gefördert wird, wo nicht gefördert werden soll. (9)
Die Grundbestimmung der KfW und mit ihr aller Landesförderbanken ist es, dort Unterstützung zu bieten, wo es aus strukturellen Gründen zu Marktversagen kommt, d.h. insbesondere strukturschwache Regionen (z.B. Ostdeutschland), bestimmte Branchen (insbesondere Umweltschutzprojekte), oder auch Kundensegmente (z. B. Studenten), die der Markt unverhältnismäßig benachteiligt. Eine genaue Abgrenzung von Situationen in denen Marktversagen vorliegt ist schwierig und vor allem ist die Diskussion darum politisch behaftet. Das ausgeweitete Produktportfolio, insbesondere das Engagement der KfW in der Projekt- und Exportfinanzierung prangern aber die Geschäftsbanken als eindeutig

wettbewerbsverzerrend an. Die KfW nutzt ihre Staatsgarantie zur günstigen Refinanzierung und kann so bei der Projekt- und Exportfinanzierung Kredite konkurrenzlos günstig anbieten. Geschäftsbanken sehen sich dadurch benachteiligt. Ein weiterer Vorwurf besteht darin, dass die Subventionen der KfW weiterhin Strukturen erhalten und nähren, die der Markt sinnvollerweise nicht mehr zulassen würde. (3)

Buntes Aufgabenspektrum

Beobachtet man die Aktivitäten der KfW über die vergangen Jahre, so bietet sich einem in der Tat ein illustres Bild: So ging es unter anderem darum,
- die angeschlagenen Banken von faulen Krediten zu entlasten (dies rief die Verbriefungsaktion "True Sale Initiative" ins Leben)
- einen Käufer für ein 33-Prozent-Paket an der Mittelstandsfinanzierungsbank IKB zu finden, das Allianz und Münchener Rück verkaufen wollten - am Ende nahm es die KfW selbst
- die Fusion mit der Deutschen Ausgleichsbank in Bonn abzuschließen, die zuvor am Streit zwischen Berliner Ministerien gescheitert war (daraus wurde die "KfW-Mittelstandsbank")

- Mezzanine-Kapital einzuführen, einer Mischform von Fremd- und Eigenkapital für kleinere und mittlere Unternehmen

Ebenfalls von der KfW losgetreten wurde die Diskussion um eine Kreditfabrik, die über große Stückzahlen und standardisierte Prozesse die Vergabe von Mittelstandskrediten zu einem profitablen Geschäft für Banken machen kann. Wenngleich man der KfW zu Gute halten muss, dass sie in vielen Themen als Impulsgeber auftritt, stellt sich die Frage, ob sie in dieser Rolle gleichzeitig dem diskreten Förderauftrag nachkommen kann. (6)

Entwicklungshilfe im Ausland in der Diskussion

Um gerade den Auftrag der Entwicklungshilfe im Ausland effizienter wahrnehmen zu können, wird in der KfW seit der Bekanntgabe der Übernahme des Vorstandspostens durch Ingrid Matthäus-Maier zum 1. Oktober diesen Jahres darüber diskutiert, die 10 000 Mitarbeiter starke Entwicklungshilfetruppe des Bundes, die "Deutsche Gesellschaft für Technische Zusammenarbeit" (GTZ), zu übernehmen. So könnten Synergien zwischen diesen beiden Institutionen

gehoben werden, die auch bisher bereits ein ähnliches Leistungsspektrum anbieten. (4)
Dass es diese Synergieeffekte aber wirklich gibt, wird von der Fachwelt teilweise bestritten. Das Argument ist, dass zwar KfW und GTZ in einigen Bereichen Überschneidungen haben, dass aber die Finanzierung (KfW) und die Beratung (GTZ) getrennt bleiben sollten. Auch werden Befürchtungen geäußert, die KfW könnte versuchen, das Geschäftsfeld ihrer auf Projekt- und Exportfinanzierung spezialisierten IPEX-Bank über die Projekte der GTZ zu erweitern. (9)

Fallbeispiele

Ausgliederung der IPEX-Bank

Um den Vorwurf der Wettbewerbsverzerrung zu entkräften, hat die KfW bereits wichtige Maßnahmen eingeleitet. Die öffentlichkeitswirksamste ist sicherlich die Ausgliederung der IPEX-Bank bis Ende 2007, die die Projekt- und Exportfinanzierung durchführt, in ein eigenständiges Unternehmen, das genau wie Geschäftsbanken der Besteuerung und der Bankenaufsicht unterliegt. Die IPEX-Bank kann zwar als Tochterunternehmen weiterhin von einem starken Eigenkapitalgeber profitieren, doch ansonsten gelten die gleichen Bedingungen wie für die Mitwettbewerber. Dies dürfte sich hauptsächlich auf die Refinanzierung auswirken. (3)

Gut gemeinte Förderung wird vom Markt überholt

Um den Aufbau eines indirekten Kapitalmarktzugangs von Mittelstandsrisiken zu unterstützen, hat die KfW Ende 2000 die Verbriefungsplattform Promise für Mittelstandskredite und Provide für private Wohnungsbaudarlehen (ab Oktober 2001) eingeführt. Verbriefungen dienen dazu, Kredite aus den Bilanzen zu nehmen, die Eigenkapitalbelastung zu verringern, die Risikotragfähigkeit zu erhöhen und neue Spielräume für Finanzierungen zu schaffen. Der Markt hat allerdings mittlerweile die von der KfW angepeilte Entlastung der Banken und Sparkassen überholt. Derzeit ist jede Bankengruppe in der Lage, ihre Kredite zu verbriefen und am Kapitalmarkt veräußern. (3)

Zahlen & Fakten

Überblick über die deutschen Förderbanken

Institut	Sitz	Web-Adresse
Auf Bundesebene		
KfW Bankengruppe	Frankfurt am Main	http://www.kfw.de
Dt. Investitions- und Entwicklungsges.	Köln	http://www.deginvest.de
Landwirtschaftliche Rentenbank	Frankfurt am Main	http://www.rentenbank.de
Auf Landesebene		
Landeskreditbank Baden Württemberg	Karlsruhe	http://www.l-bank.de
LfA Förderbank Bayern	München	http://www.lfa.de
Bayerische Landesbodenkreditanstalt	München	http://www.labo-bayern.de
Investitionsbank Berlin	Berlin	http://www.investitionsbank.de
Investitionsbank des Landes Brandenburg	Potsdam	http://www.ilb.de
Bremer Aufbau-Bank	Bremen	http://www.big-bremen.de
Hamburgische Wohnungsbaukreditanstalt	Hamburg	http://www.wk-hamburg.de
Investitionsbank Hessen AG (IBH)	Frankfurt am Main	http://www.ibh-hessen.de
Landestreuhandstelle Hessen	Offenbach am Main	http://www.lth.de
Landesförderinstitut Mecklenburg-Vorpommern	Schwerin	http://www.lfi-mv.de
Niedersächsische Landestreuhandstelle	Hannover	http://www.lts-nds.de
NRW Bank	Düsseldorf	http://www.nrwbank.de
Investitions- und Strukturbank Rheinland-Pfalz (ISB)	Mainz	http://www.isb.rlp.de
LTH Landestreuhandstelle Rheinland-Pfalz	Mainz	http://www.lth-rlp.de
Saarländische Investitionskreditbank	Saarbrücken	http://www.sikb.de
Sächsische Aufbaubank - Förderbank - (SAB)	Dresden	http://www.sab.sachsen.de
Investitionsbank Sachsen-Anhalt	Magdeburg	http://www.ib-sachsen-anhalt.de
Investitionsbank Schleswig-Holstein	Kiel	http://www.is-sh.de
Thüringer Aufbaubank	Erfurt	http://www.aufbaubank.de

Quelle: Die Finanzierungshilfen des Bundes, der Länder und der internationalen Institutionen

Entnommen aus: Zeitschrift für das gesamte Kreditwesen 17 vom 01.09.2006 (7)

Ausgewählte Kennzahlen der beiden wichtigsten

deutschen Förderbanken

	2004	2005
Bilanzsumme (in Mrd. EUR)		
KfW Bankengruppe	328.596	341.143
Landwirtschaftliche Rentenbank AG	76.960	72.132
Ausleihquote [1] (in %)		
KfW Bankengruppe	40,16	40,83
Landwirtschaftliche Rentenbank AG	2,33	2,02

[1] Kundenkreditvolumen in Prozent des Gesamtvolumens (Gesamtvolumen = Bilanzsumme + Eventualverbindlichkeiten)

Quelle: Unternehmensangaben

Entnommen aus: Zeitschrift für das gesamte Kreditwesen 17 vom 01.09.2006 (8)

Weiterführende Literatur

(1) Clevere Kombination Die KfW-Förderbank hat ihre Zinssätze deutlich angehoben. Für Energie sparende Investitionen sind die Kredite als Finanzierungsbaustein aber weiterhin unschlagbar günstig. Baufinanzierung
aus Capital vom 24.05.2006, Seite 128

(2) Stimmt die Arbeitsteilung zwischen den

Förderbanken?
aus Zeitschrift für das gesamte Kreditwesen 17 vom 01.09.2006 Seite 891

(3) Das Förderkreditgeschäft der Genossenschaftsbanken und die Rolle der KfW im Bankenwettbewerb
aus Zeitschrift für das gesamte Kreditwesen 17 vom 01.09.2006 Seite 875

(4) "MM" übernimmt Die resolute Finanzpolitikerin Ingrid Matthäus-Maier setzt bei der KfW-Bankengruppe erste Akzente. Entwicklungshilfe soll durch Eingliederung der GTZ gestärkt werden
aus DIE WELT, 12.09.2006, Nr. 213, S. 10

(5) Förderprogramme stärken die Eigenkapitalbasis
aus Handelsblatt Nr. 175 vom 11.09.06 Seite 34

(6) Auf Wiedersehen, Mr. Mittelstand
aus Handelsblatt Nr. 175 vom 11.09.06 Seite 25

(7) Die deutschen Förderbanken im Überblick
aus Zeitschrift für das gesamte Kreditwesen 17 vom 01.09.2006 Seite 900

(8) KfW Bankengruppe - Landwirtschaftliche Rentenbank
aus Zeitschrift für das gesamte Kreditwesen 17 vom 01.09.2006 Seite 910

(9) Die Kreditanstalt für Wiederaufbau - eine Förderbank auf dem Prüfstand

aus Zeitschrift für das gesamte Kreditwesen 17 vom 01.09.2006 Seite 882

Impressum

Förderbanken - Wie viel Marktversagen kann kompensiert werden, ohne den Wettbewerb zu verzerren?

Bibliografische Information der deutschen Nationalbibliothek

Die Deutsche Nationalbibliothek verzeichnet diese Publikation in der deutschen Nationalbibliografie; detaillierte bibliografische Daten sind im Internet über http://dnb.d-nb.de abrufbar.

ISBN: 978-3-7379-2056-8

© 2015 GBI-Genios Deutsche Wirtschaftsdatenbank GmbH, Freischützstraße 96, 81927 München, www.genios.de

Alle Rechte vorbehalten. Dieses Werk ist einschließlich aller seiner Teile – z.B. Texte, Tabellen und Grafiken - urheberrechtlich geschützt. Jede Verwertung außerhalb der Grenzen des Urheberrechtsgesetzes bedarf der vorherigen Zustimmung des Verlags. Dies gilt insbesondere auch für auszugsweise Nachdrucke, fotomechanische Vervielfältigungen (Fotokopie/Mikroskopie), Übersetzungen, Auswertungen durch Datenbanken oder ähnliche Einrichtungen und die Einspeicherung und Verarbeitung in elektronischen Systemen.